Mack Nat Frawsen

Le sourire de l'aube

Recueil de photos
Dépôt légal novembre 2021

Le sourire de l'aube

Je dédie ces photos et ces mots à ma Mère et mon Père et à leurs étoiles qui brillent dans le ciel de la Kabylie.
A mes deux Colombes.
Aux Citoyens du Monde.

Le sourire de l'aube

Elle m'a demandé de lui conseiller le meilleur parfum qui correspondrait à sa personnalité. Je lui ai écrit un poème....

Le poème, je l'ai écrit
Sur la peau de mes débris.

Chaque vers porte la couleur
Et l'empreinte de la douleur

Le sourire de l'aube

Le sourire de l'aube

L'ivresse du voyage

Se détache de son arbre, se libère la feuille du printemps
Comme elle, en liberté, mon âme vole, traverse les champs
Elle plane, toise les cimes des belles montagnes et les plaines
Scrute et sourit aux couleurs, aux beautés les plus souveraines
Elle flâne, sereine dans les airs, tel un silence en mouvement
Cherche parmi les belles fleurs, celle qui brille au firmament
D'un clin d'œil, lui murmurer la mélodie qui vibre dans le cœur
Lui rappeler les mots doux, la tendresse, le parfum du bonheur
Pour voir jaillir de ses yeux, la lumière des étincelles qui inondent
L'amour des êtres sincères, le voyage, l'ivresse des âmes profondes.

Le sourire de l'aube

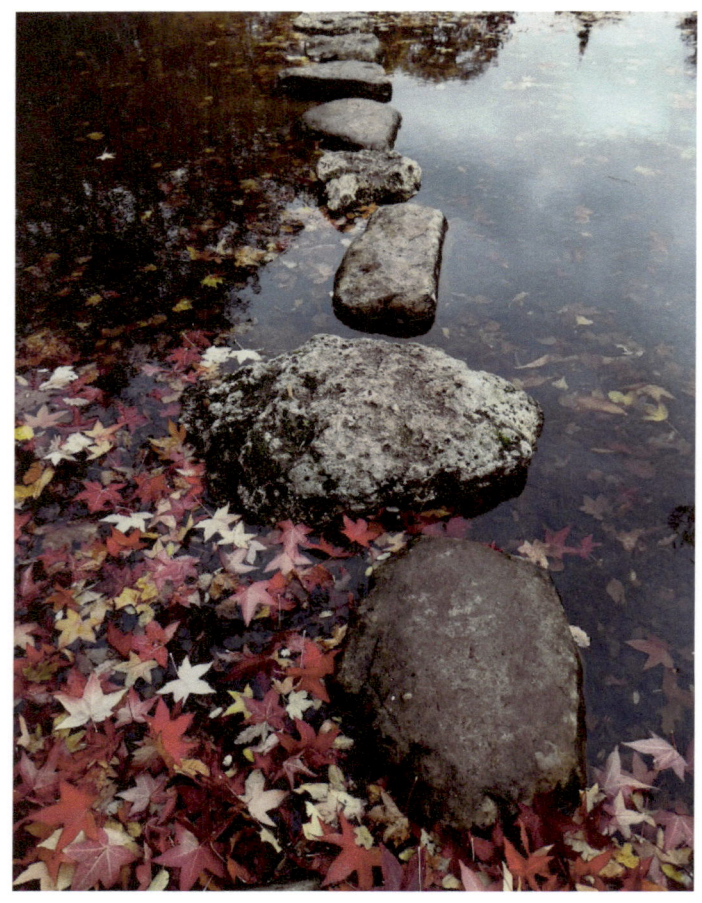

La solitude s'apprend
Au fil du temps
Elle n'est pas un fardeau
La solitude est un vaste océan
Le calme qui accouche d'un ouragan
La vague qui éjecte hors de l'eau.

Le sourire de l'aube

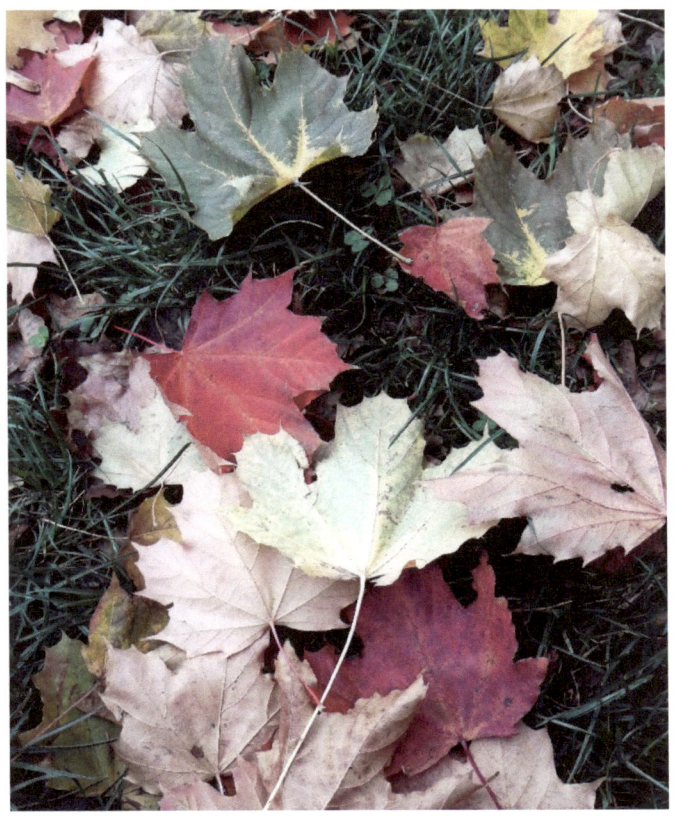

Te souviens-tu Esperanza ?
Quand nos sourires s'envolaient
Gazouiller dans le ciel de la nuit
Tels des oisillons aux ailes frêles
Au-dessus des nuages blancs
Pour disputer la langue et la lumière aux étoiles ?

Le sourire de l'aube

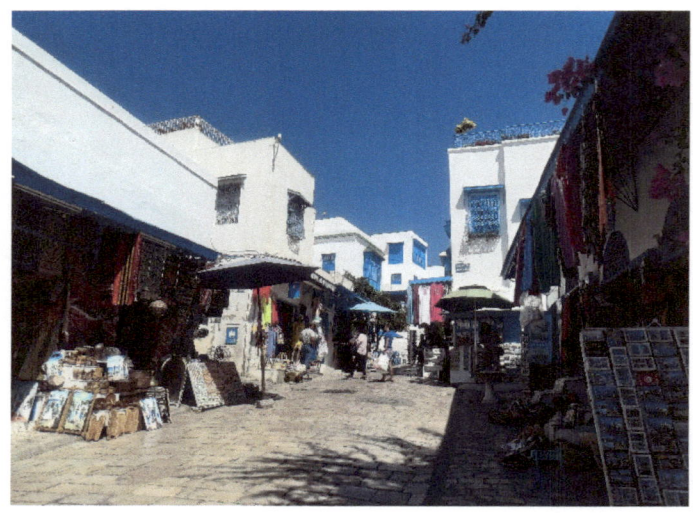

Te souviens-tu Esperanza ?
Des parfums des bougainvilliers d'Alger
Et des jasmins de Tunis
Quand nos âmes s'enivraient à perdre connaissance
Devant la jeunesse et l'insouciance ?

Le sourire de l'aube

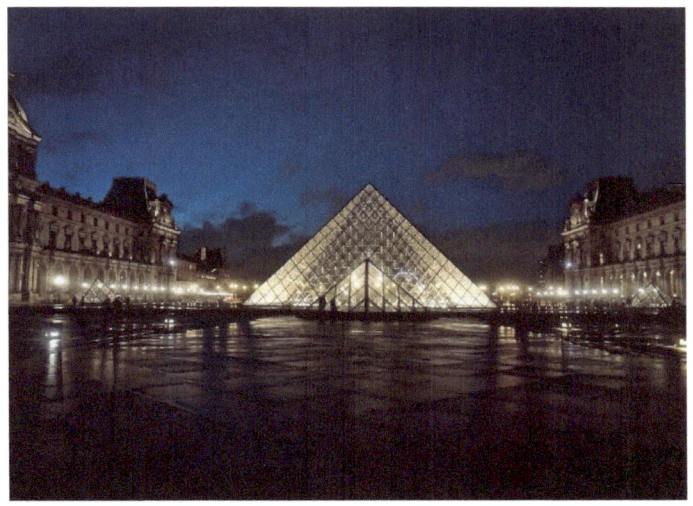

Aujourd'hui, Esperanza
Me voilà, à Paris, le long des quais de Seine
À tamiser les grains de joie et de peine
Et à caresser chaque livre que j'ouvre
Chez les bouquinistes du Pont Marie au Musée du Louvre

Le temps s'en va en laissant ses empreintes
Gravées sur les pierres de nos petits chemins
Sous les yeux d'un espoir qui sourit à demain.

Le sourire de l'aube

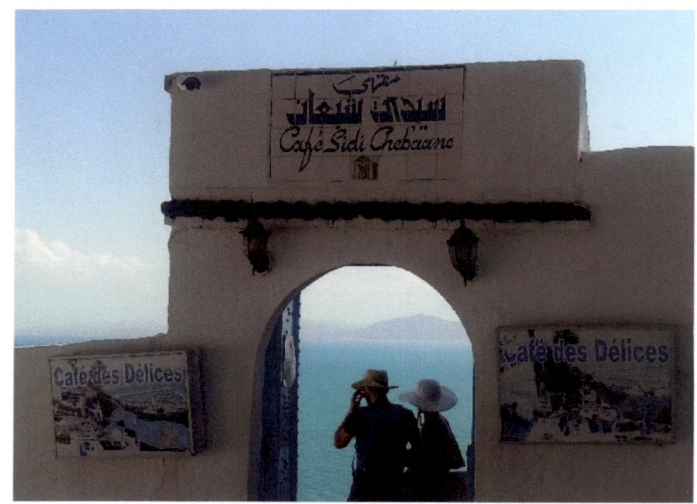

Bleu blanc

Me voilà au café des délices
L'esprit ivre et caprice
A l'horizon la grande bleue
À la peau lisse
Sourit devant ce cocktail
Qui sue et glisse
Sur les lèvres au goût cerise
Le parfum capiteux de Bellafrique
Des souvenirs poétiques
Mon cœur en flamme
Palpite dans le bleu
Du feu
Qui brûle toute mon âme.

Le sourire de l'aube

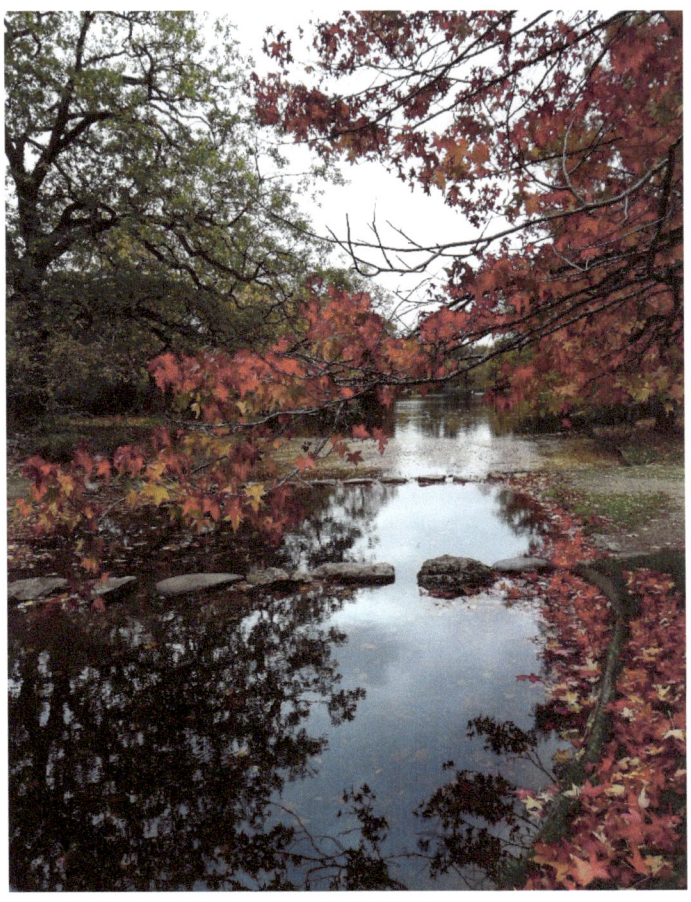

Savourer les mots de l'être aimé, les couleurs de la vie,
Conjuguer tous les temps, l'amour, la douceur, au présent.

Le sourire de l'aube

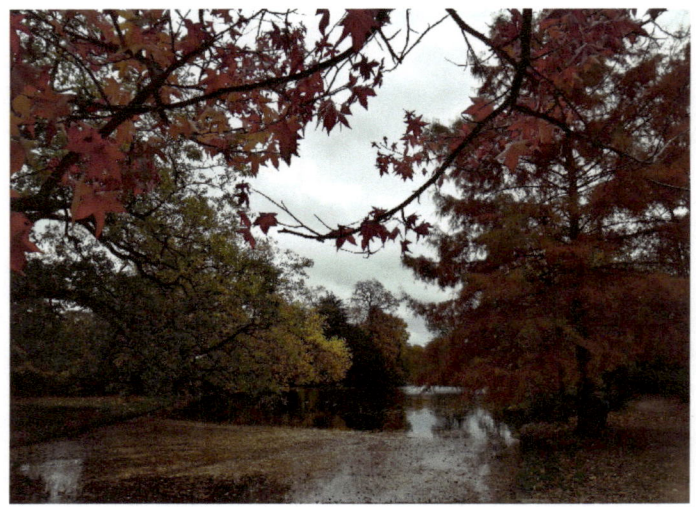

Prendre le large, explorer le fond des mers, l'univers étincelant,
Flâner dans les airs, toiser les hauteurs, frôler les volcans.

Le sourire de l'aube

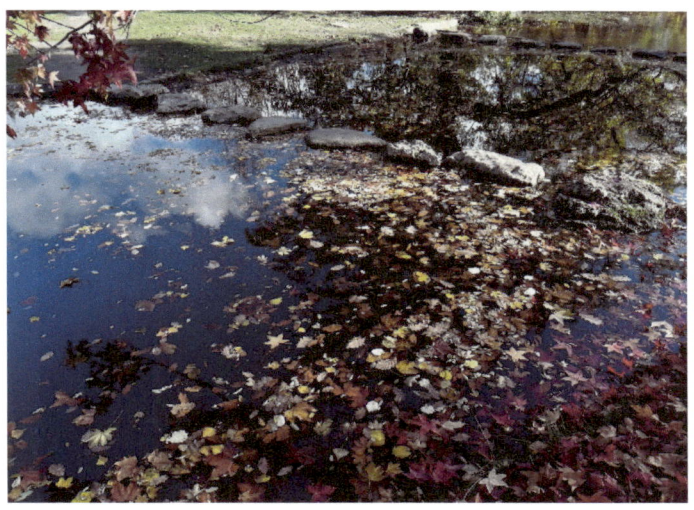

Face aux chiffres qui s'effacent
Devant le temps qui passe
Le goût de la cerise se mélange
À cette mousse blanche
Qui fait frange sur le front
De ce "vers" qui déborde
À la première gorgée poétique
Caressant les lèvres chaudes
Sous la fièvre d'un amour braise.

Le sourire de l'aube

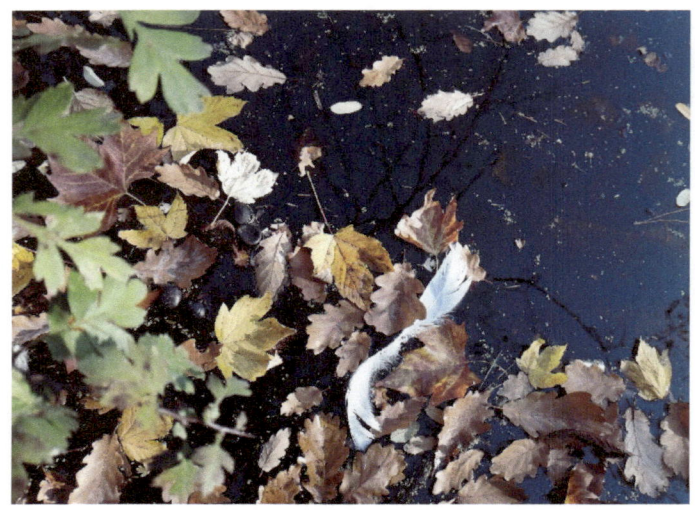

Le silence des saisons

J'entends siffler le vent,
J'écoute le silence des fleurs,
Le bruit des vagues à l'horizon.

Le sourire de l'aube

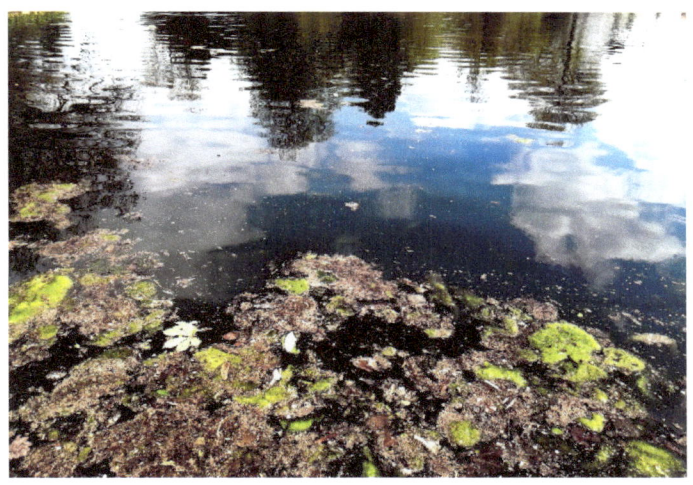

Dessine-moi le bonheur nommé désir,
Aux cendres du feu que ta peau délivre,
Parle-moi des rêves sans mentir,
Je continuerai à t'aimer, fou et ivre.

Le sourire de l'aube

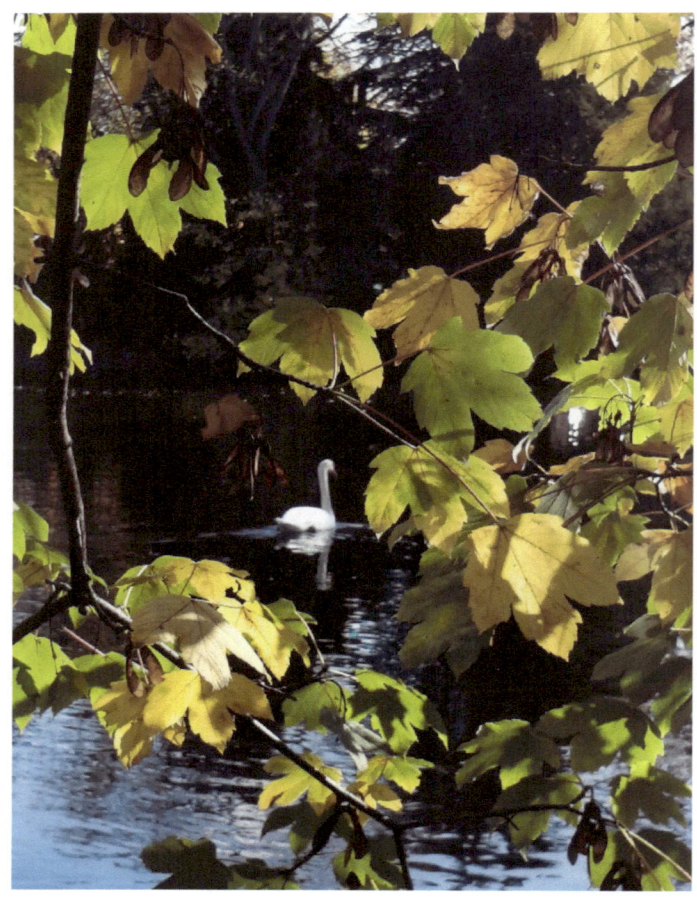

Dessine-moi un sourire,
A l'encre de tes lèvres,
Parle-moi en soupirs,
Pour adoucir ma fièvre,
Dessine-moi une porte à ouvrir,
Un trait d'espoir et une lumière,
Montre-moi une étoile à éblouir.

Le sourire de l'aube

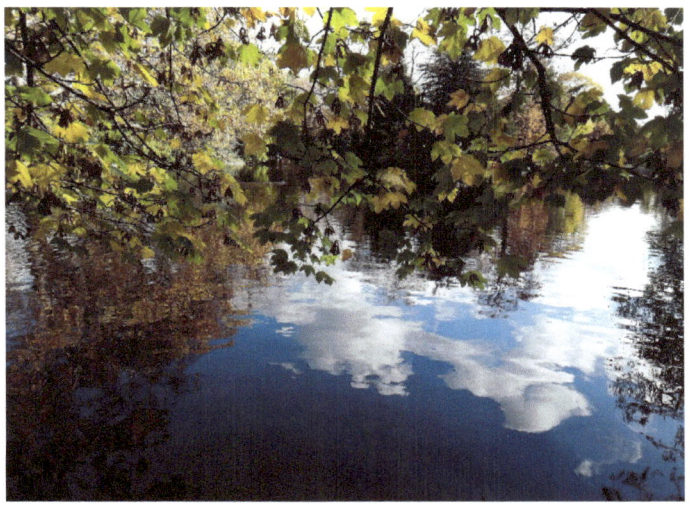

Les ailes légères de l'oisillon
Voguant sur les nuages blancs
D'un ciel bleu azur peint
Par un pinceau monté sur plume
Etalant les pépites dorées
D'un soleil qui brille
Aux couleurs de la folie de l'ivresse.

Le sourire de l'aube

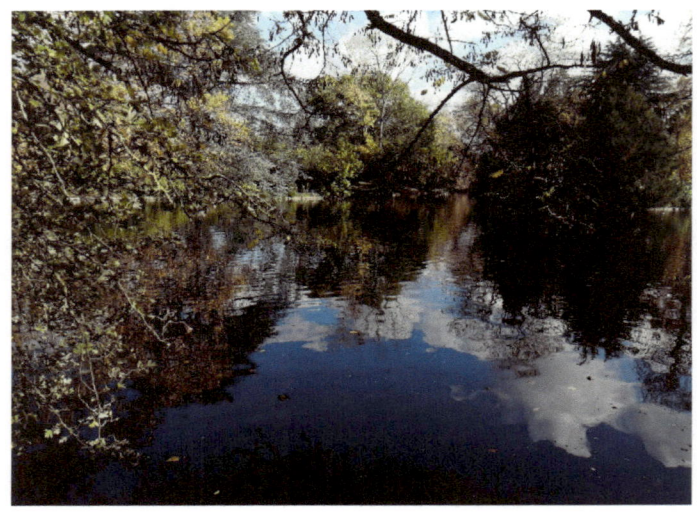

Marcher dans les eaux de l'archipel de la grande bleue,
Faire vibrer les cœurs, éclairer les yeux à la lumière des cieux,
Enflammer les âmes, à la folie de l'amour et son brûlant feu

Le sourire de l'aube

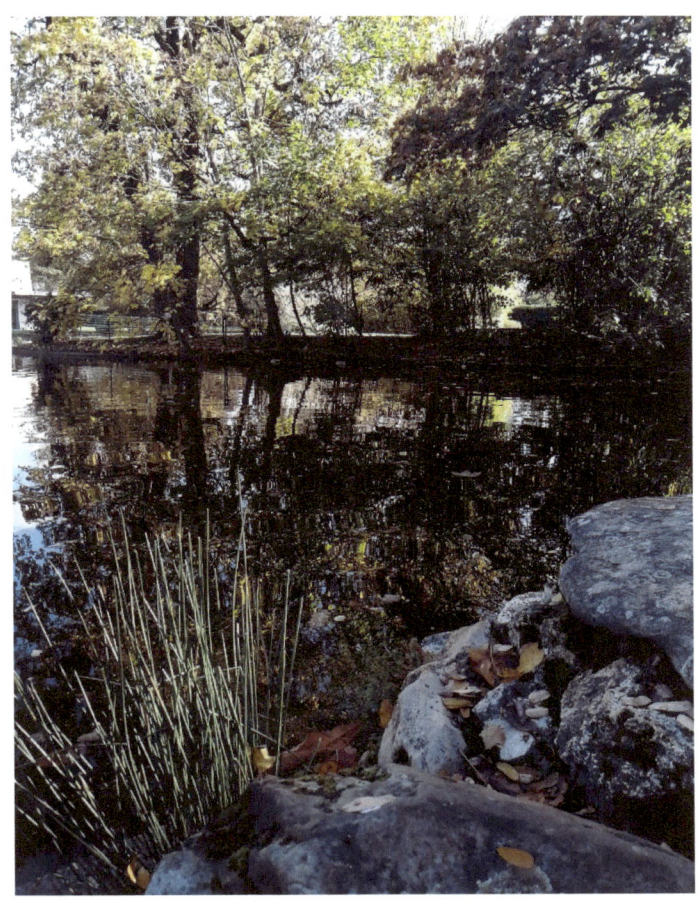

Dessine-moi un voyage à investir
Dans un avion et dans les airs,
Parle-moi d'amour à n'en finir,
Pour protéger cette fleur que le froid givre.

Le sourire de l'aube

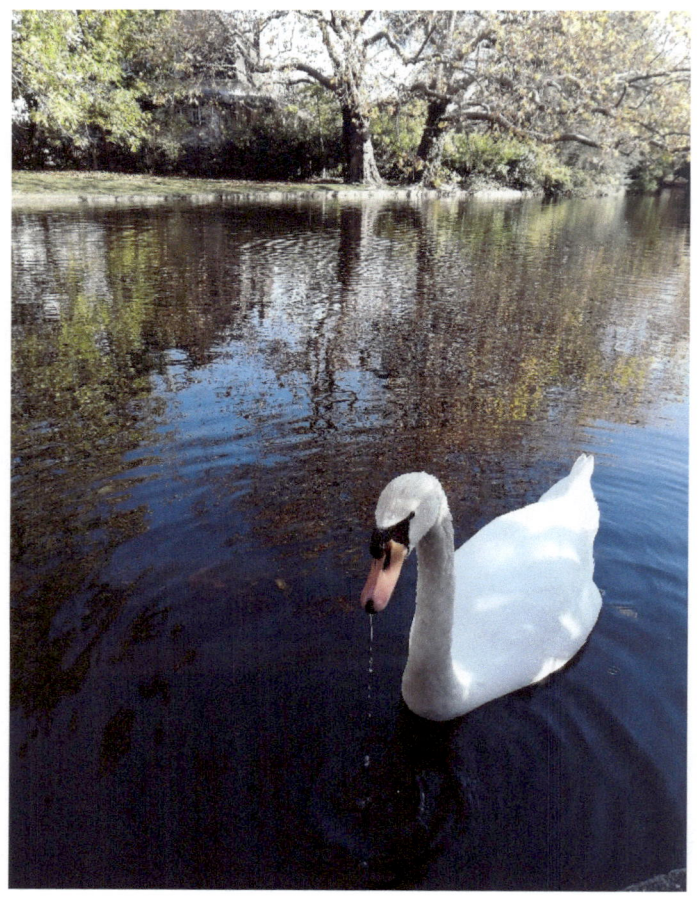

J'ai fait tous les voyages, pris tous les risques, les ailes brisées,
Pour te rencontrer, nous aimer, nous brûler au feu infernal,
Mais seras-tu là !

Le sourire de l'aube

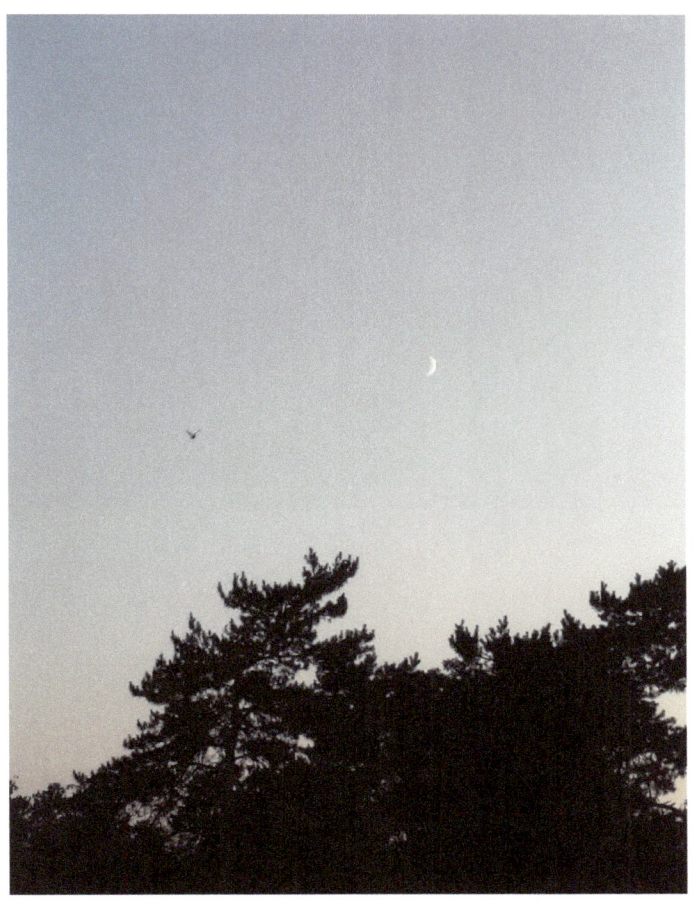

J'ai souri à Vénus, l'étoile du berger pour briller,
Pour te voir parmi les étoiles à la lumière du cristal,
Mais tu n'es pas là !
J'ai accompagné tous les astronautes dans leurs fusées,
Pour te voir resurgir des frontières de l'univers astral,
Mais tu n'es pas là !

Le sourire de l'aube

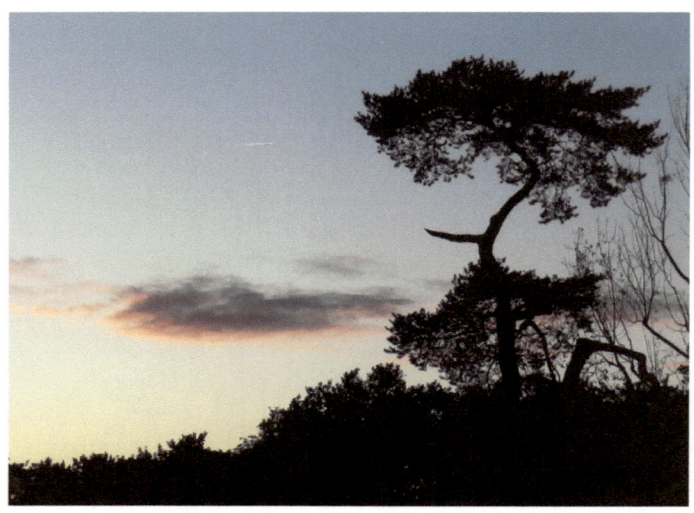

Je me suis ébloui par les brûlants rayons de soleil de l'été,
Pour t'apercevoir parmi ces couleurs des aurores boréales,
Mais tu n'es pas là !
J'ai suivi tous les cours d'eau, jusqu'à leurs chutes escarpées,
Pour me sourire parmi les plus belles sirènes impériales,
Mais tu n'es pas là !

Le sourire de l'aube

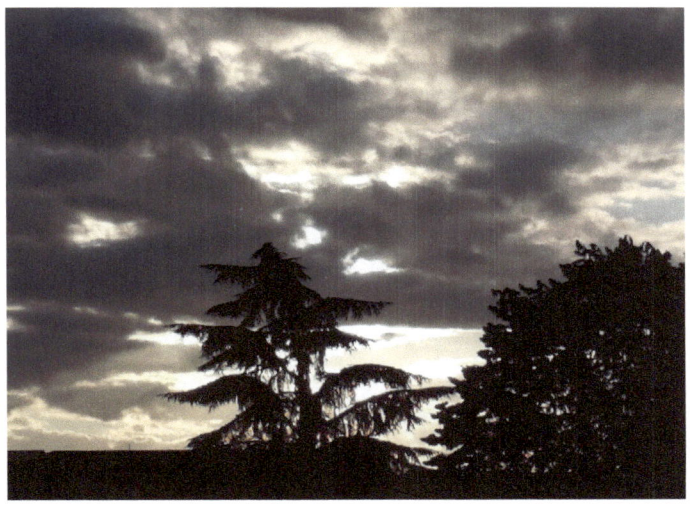

J'ai ouvert les yeux vers le ciel gris,
J'ai scruté les astres, l'étoile du berger,
J'ai vu les lumières éteintes de Paris,
J'ai fait l'inventaire des vieux papiers,
En feuilletant les pages du livre d'une vie.

Mes nuages ne font que retenir la nuit,
Creusent les plaies fragiles de mes ennuis
Et le silence fait place au bruit de la pluie,
Qui nourrit mes chagrins, en espoir réduit,
Mon sourire se glace dans le rêve évanoui.

Le sourire de l'aube

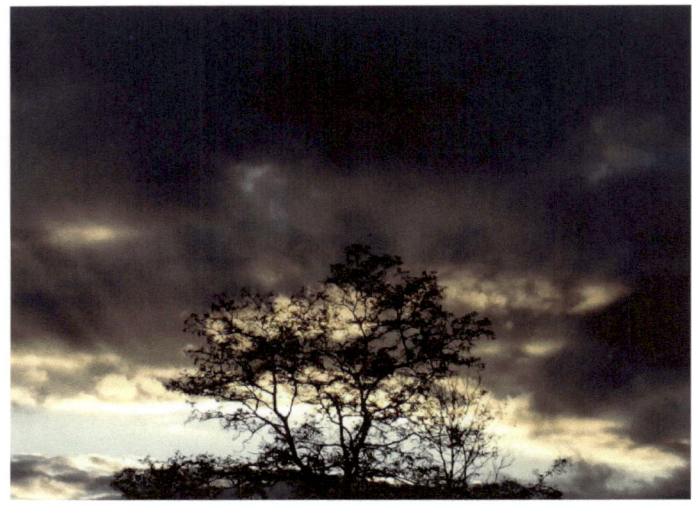

Ne me quitte pas, laisse-moi l'ombre de ton sourire,
Mon âme est un roseau, se malmène au gré du vent,
Mon âme plane dans le ciel, tel un nuage immense,

Ne me quitte pas, laisse-moi l'écho de ta voix,
Mon âme brûle au feu de tes yeux, à la lumière du diamant,
Mon âme est cette vague qui heurte les rochers, en silence.

Le sourire de l'aube

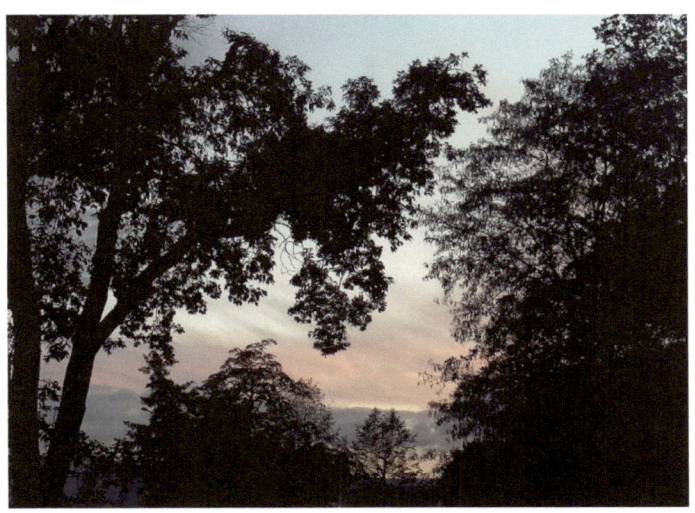

Ne me quitte pas, laisse-moi la fragrance de ton parfum,
Mon âme est cette fleur du printemps, la plus belle saison,
Mon âme est cette feuille blanche que nourrit la romance,
Ne me quitte pas, laisse-moi le souvenir de ton innocence,
Mon âme est cette étoile qui brille là-haut, au firmament,
Mon âme voyage dans le rêve de te revoir, dans l'ivresse,
Ne me quitte pas, laisse-moi le goût du miel,
Mon âme est cette ombre qui fait face au soleil levant,
Mon âme est cette colombe qui vole, vague en pleine errance.

Le sourire de l'aube

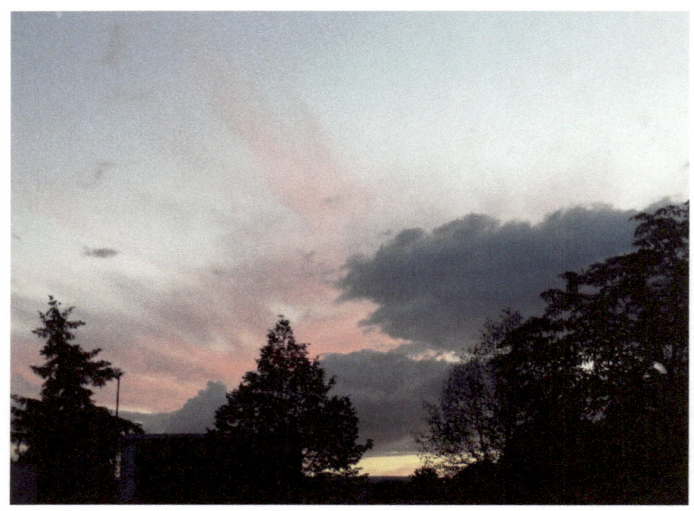

Ne me quitte pas, laisse-moi la marque indélébile de ton amour,
Mon âme est cet être qui vit au rythme de ton cœur vibrant,
Mon âme vibre et respire l'oxygène, cette essence, ton existence,
Je rêve éveillé, le jour et la nuit, merci d'être revenue à moi,
Pour me réveiller, de donner un souffle nouveau,
A nos âmes profondes, fragiles, à la douceur de la soie,
Le partage de l'amour, le cadeau de la vie, le plus beau.

Le sourire de l'aube

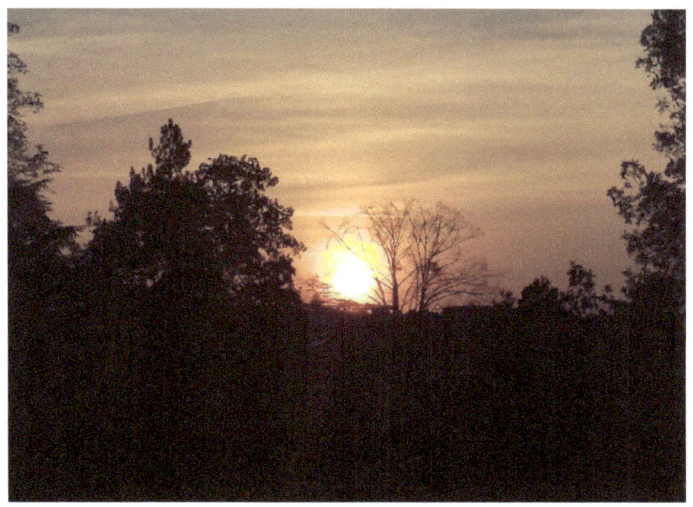

Des aurores et couleurs
Qui illuminent les lèvres rutilantes
De la lave rouge ardente
D'un amour volcan.

Le sourire de l'aube

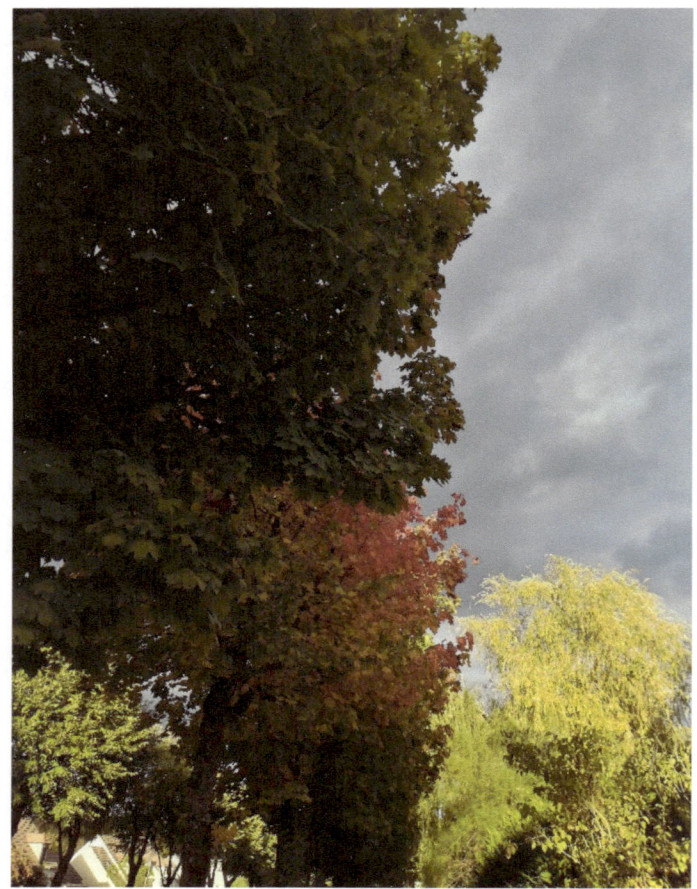

Mon âme s'élève dans les cimes, les hauteurs
Pour s'enivrer de ta lumière, ton étoile filante,
Mon âme fredonne la plus belle mélodie,
Avec le meilleur instrument, le cœur palpitant,
Chante l'amour, la paix, l'espoir à la vie.

Le sourire de l'aube

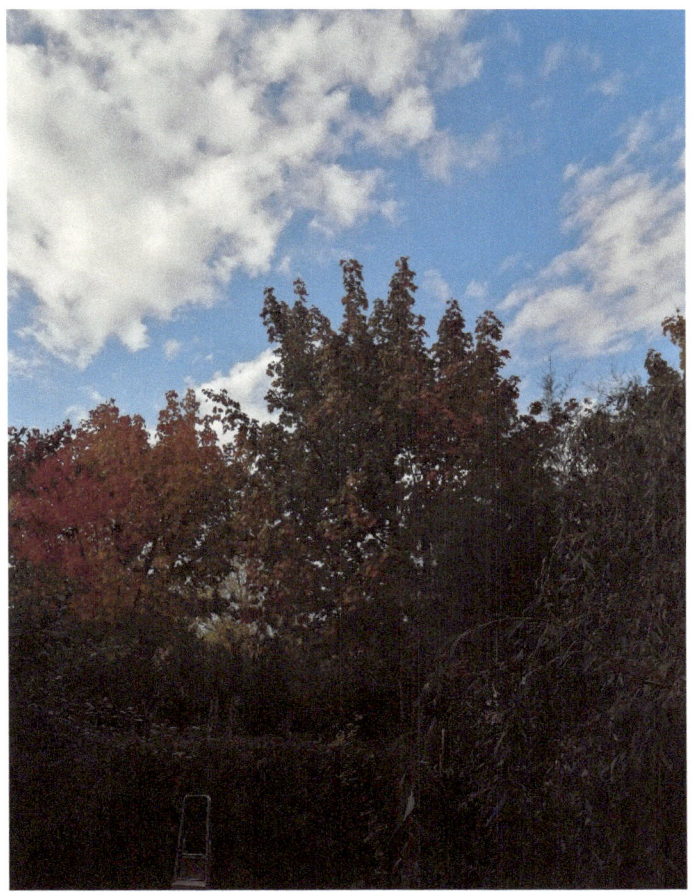

Le printemps attendrit les cœurs,
Résonne le chant des hirondelles,
Le bleu du ciel chasse les nuages,
Je revois le désert et l'élan des gazelles,
Où se conjuguent les plus beaux paysages,
Les saisons où la vie est la plus belle.

Le sourire de l'aube

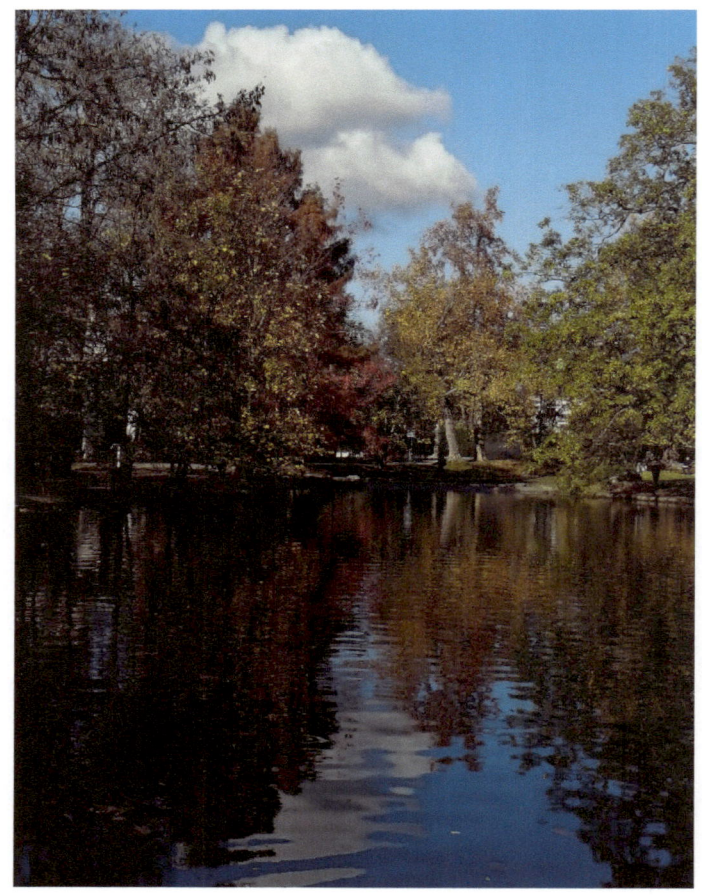

Et vogue l'âme
Mon âme s'évade, vogue sur les flots,
Accompagne les vagues en mouvement,
Se noient mes chagrins au profond des eaux,
Se calment les tempêtes et mes tourments,
Mon âme cherche ton sourire, ta douceur,
Dans la nuit profonde, ton étoile brillante.

Le sourire de l'aube

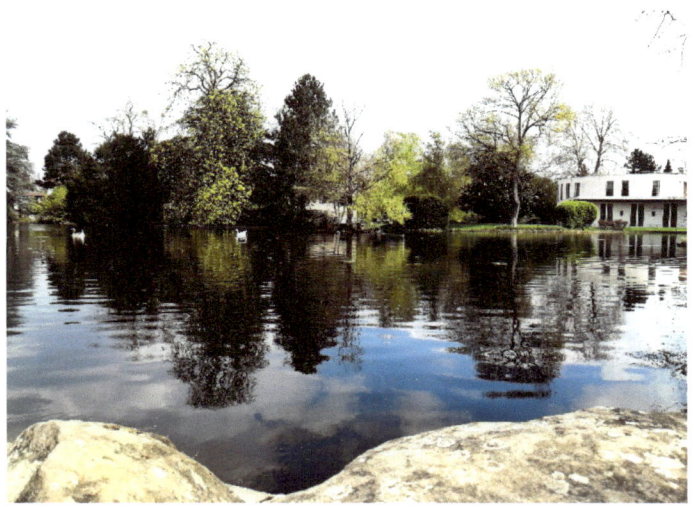

Et l'on conjugue nos malheurs, nos bonheurs chaque matin,
Et l'on sépare, chaque jour, dans ce lot, l'ivraie du bon grain,
Et l'on choisit de vivre chaque instant, le cœur et l'esprit sereins.

Le sourire de l'aube

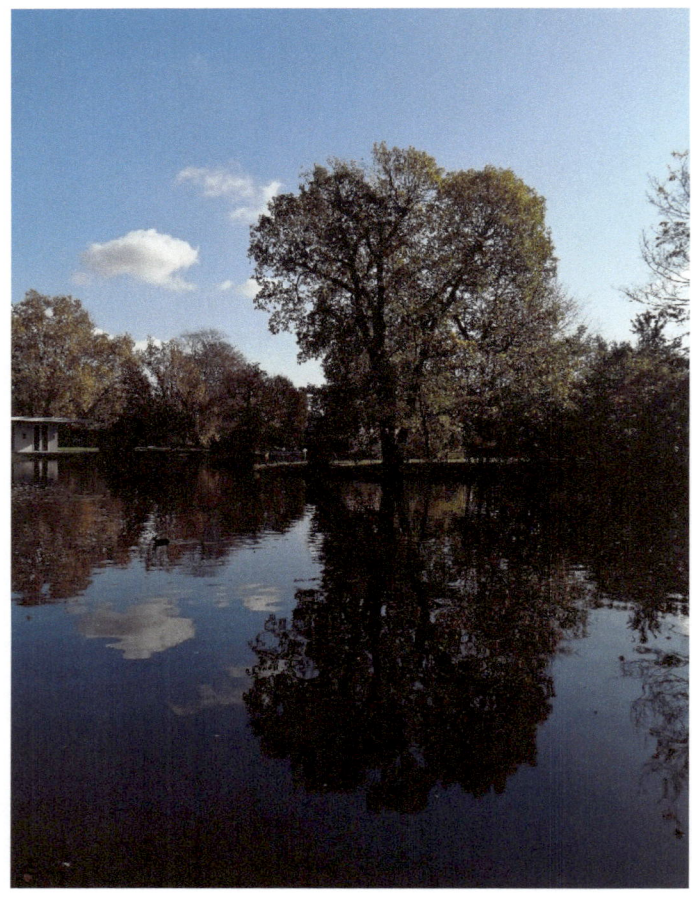

J'irai à ta rencontre, à la conquête de tes nouvelles,
Me brûler de ton feu, de tes étincelles torrentielles,
A t'aimer à chaque instant, d'un amour charnel,
éternel.

Le sourire de l'aube

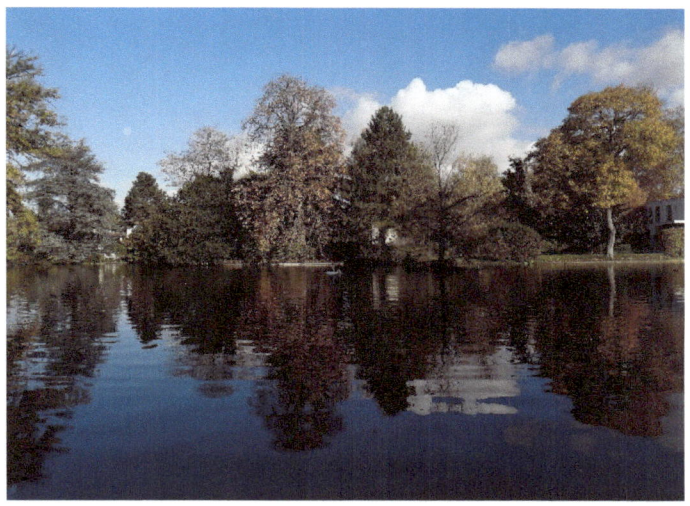

Tatouer les âmes aux cendres de ce brulant feu,
Etreindre les cœurs, battre la mesure du baiser,
Réinventer l'amour, des étoiles plein les yeux,
Figer le temps qui passe, convoquer la romance,
Bloquer les aiguilles de l'horloge aux rayons de soleil,
Accueillir la tendresse, la douceur en fines caresses,
Vivre le rêve, enflammer les cœurs en plein éveil.

Le sourire de l'aube

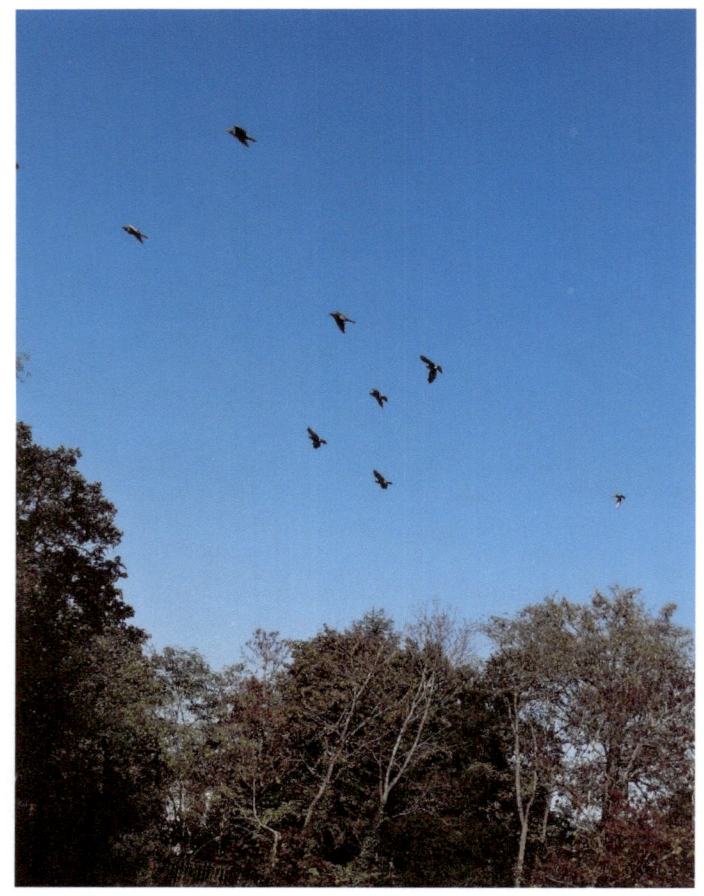

Oiseaux du monde
J'habite chemin de ronde
Dans un coin, nulle part au monde
J'écoute les moulins de mon cœur
Ici, les oiseaux sont généreux
Ils me chantent la liberté
Les couleurs du printemps
Et la chaleur de l'été

Le sourire de l'aube

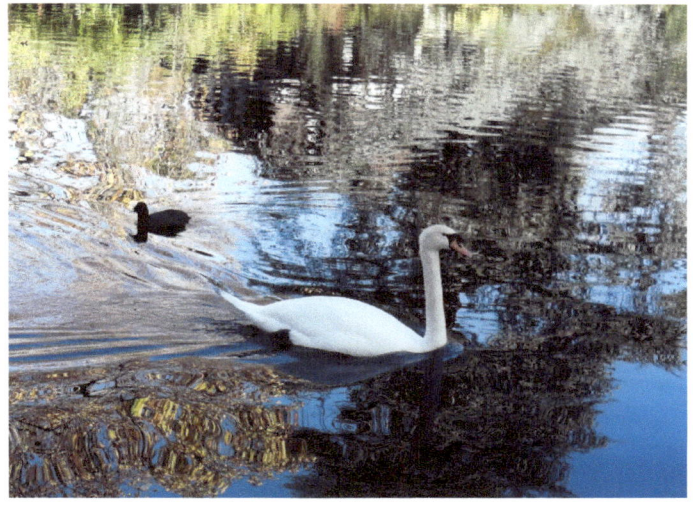

Ici, quelque part, hors du temps
J'entends la flûte douceur du vent
Et son mouvement nonchalant
Caresser mes rêves crédules
Et mes états d'âme fragiles
Jusqu'à la fin de ma vie
Je garderai ce souvenir
Jusqu'à l'éternité
Je dessinerai ces sourires
De mes chers absents heureux
Et de ces oiseaux chanceux.

Le sourire de l'aube

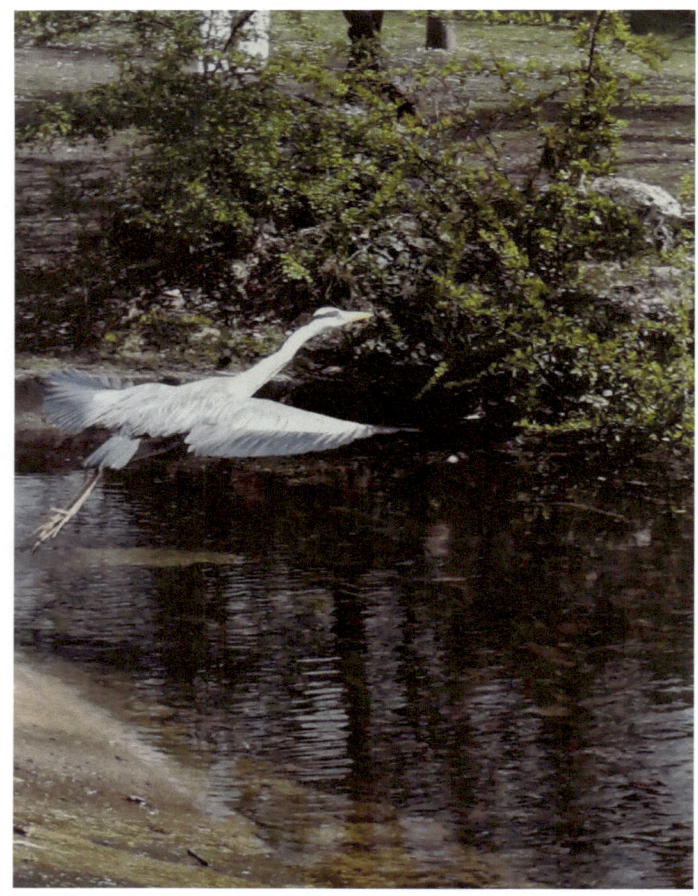

Un matin, je dois y aller, le rêve m'appelle,
Le cœur et l'âme se cherchent, se font duel,
L'amour des êtres, telle la lumière dans le ciel,
M'éblouit les yeux, une incandescence corporelle,
Me transcende le corps, cette flamme sensuelle,
L'être que j'aime, mon âme, l'amour inconditionnel

Le sourire de l'aube

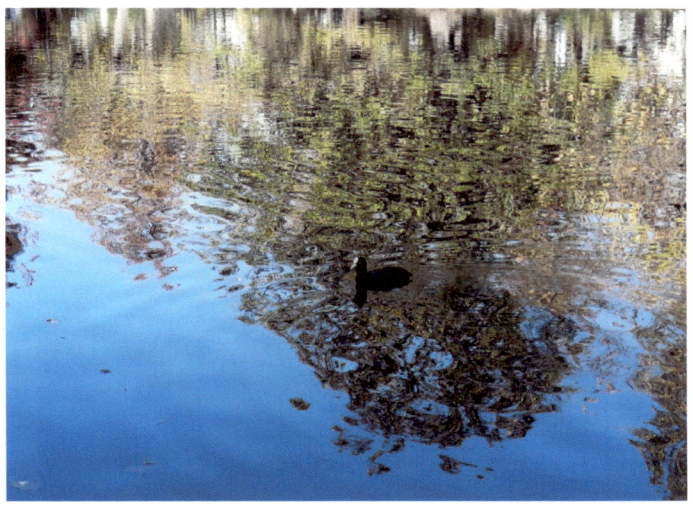

Comme un petit goût de Liberté,
Dans le feu de la lumière des étoiles,
Tel ce flocon de neige, vers l'éternité,
L'âme plane, vogue dans le ciel,
Toise les nuages qui se laissent porter,
Par le vent et la lumière providentielle,
Cherchant cette étincelle de la voie lactée.

Le sourire de l'aube

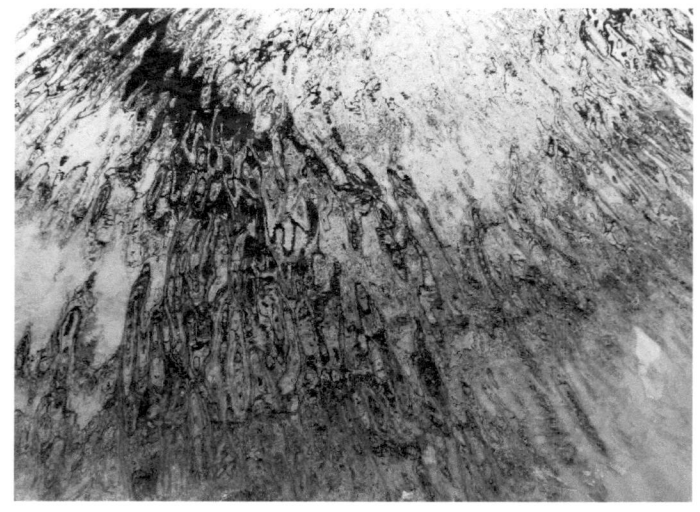

J'irai à la recherche du secret que cache le rêve
Dans les profondeurs de la nuit
Je fouillerai chaque recoin de la mémoire
Je soufflerai sur ce film de poussière
Pour que rentre un rayon de lumière.

Le sourire de l'aube

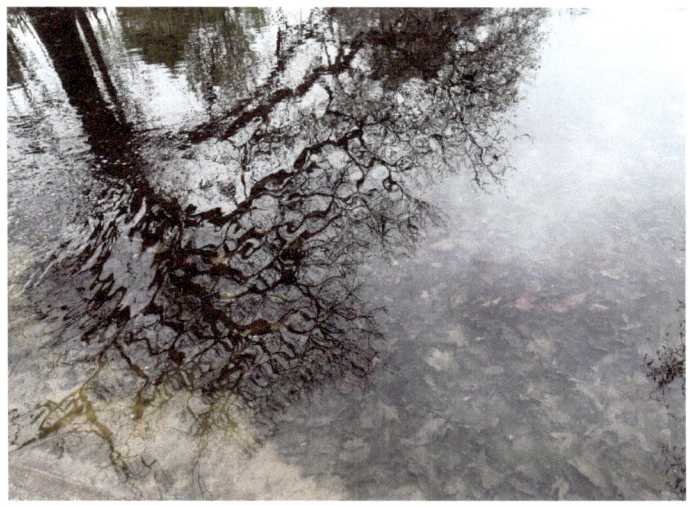

Je guetterai ce brin d'espoir
Qui se reflète dans la face éblouissante du miroir
Je m'y regarderai et m'attarderai pour que mon visage y disparaisse
Et que le sourire de l'étoile filante apparaisse
Eblouisse et inonde mes yeux et mon océan de larmes.

Le sourire de l'aube

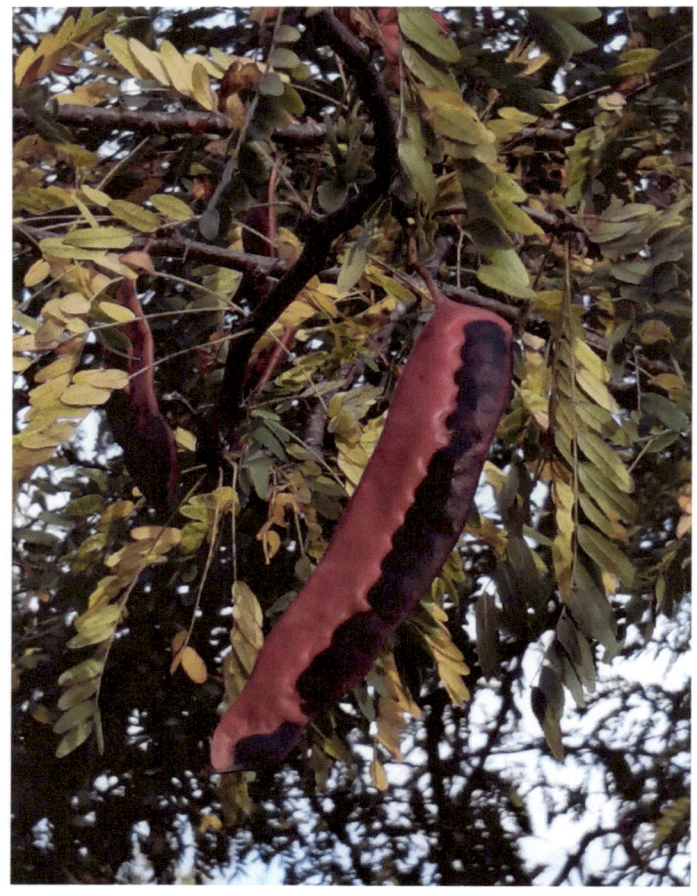

Sur le trajet de nos vies courtes que l'on mène en refrains,
Des hauts, des bas, le milieu s'en va, la mélodie nous revient,
Et l'on s'amuse, et l'on se grise, et l'on espère meilleur dessein.

Le sourire de l'aube

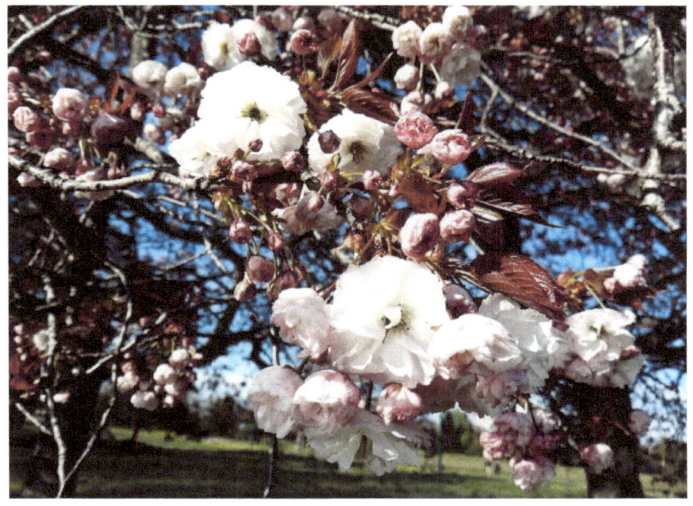

Je soufflerai sur toutes les bougies
Et j'éteindrai même le soleil et les autres étoiles de la nuit
Pour t'éclairer le chemin qui te ramènera, à nouveau, à moi

Le sourire de l'aube

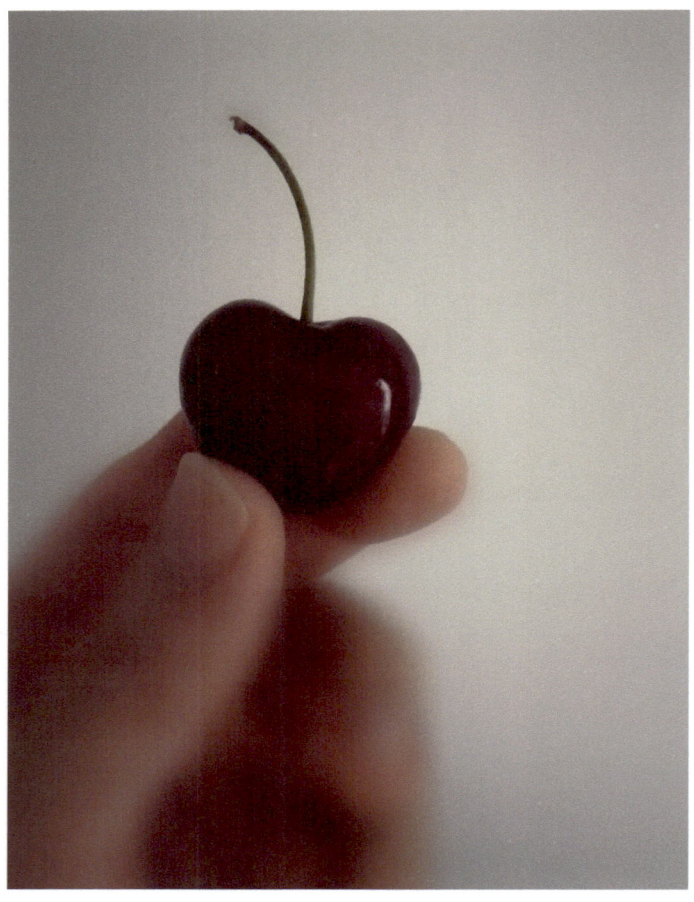

J'ouvrirai toutes les portes et les fenêtres de mon âme
Pour que souffle le courant de l'amour sur chaque petite parcelle de nos corps
A deux, nous réécrirons d'autres plus belles pages du livre
Qui se rouvre à une deuxième vie, cette fois-ci, éternelle.

Le sourire de l'aube

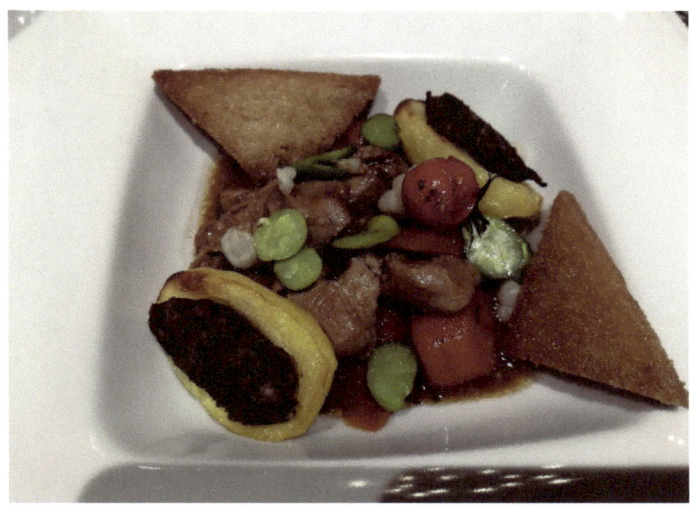

Voyages
Dans mes bagages quelques mots
Eparpillés
Des feuilles, un stylo
Rêvant de liberté
Des pétales de fleur de printemps
Une horloge hors du temps
Un fil et une aiguille
De l'espoir, des brindilles
Une toile de souvenirs
Des larmes et des sourires
Des braises d'une étoile filante.

Le sourire de l'aube

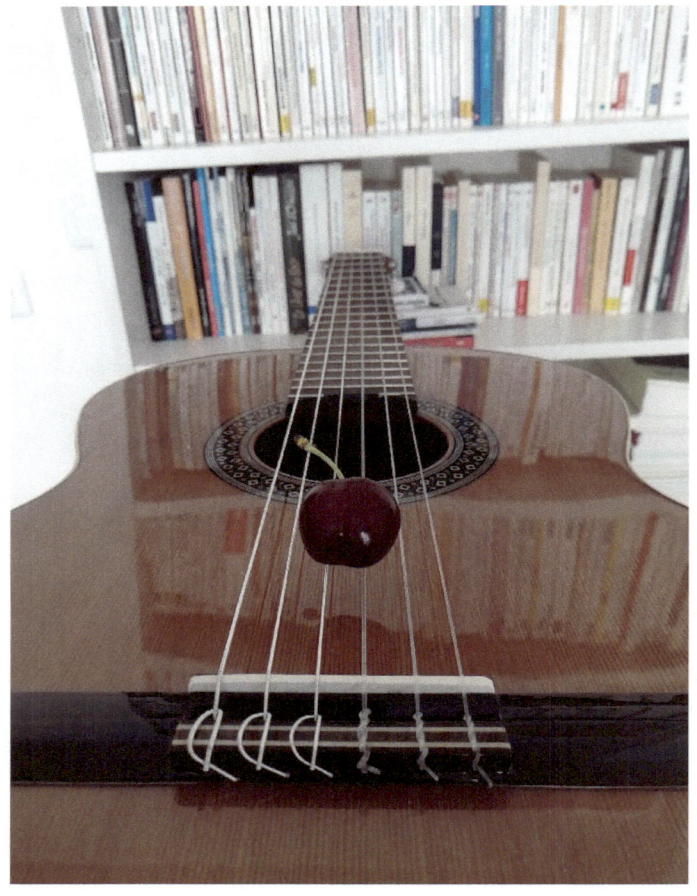

Et à l'amour d'enivrer nos âmes profondes, d'effacer nos chagrins,
Et la vie devient paisible, possible, risible, un simple jeu enfantin,
Et l'on fuit les empreintes éphémères de nos pas incertains,
Et l'on suit le long chemin, sinueux et infini de nos rêves lointains.

Le sourire de l'aube

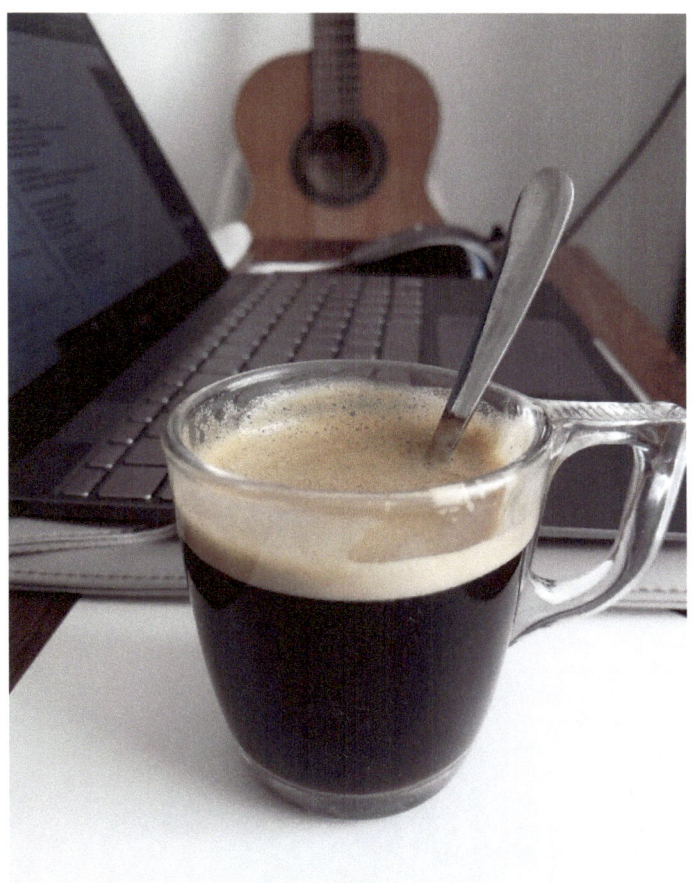

Sur la mousse de mon café matinal
Se dessine et flotte un joli trèfle
Telle cette feuille d'érable
Qu'emporte le vent astral
Et se pose sur un nuage cristal.

Le sourire de l'aube

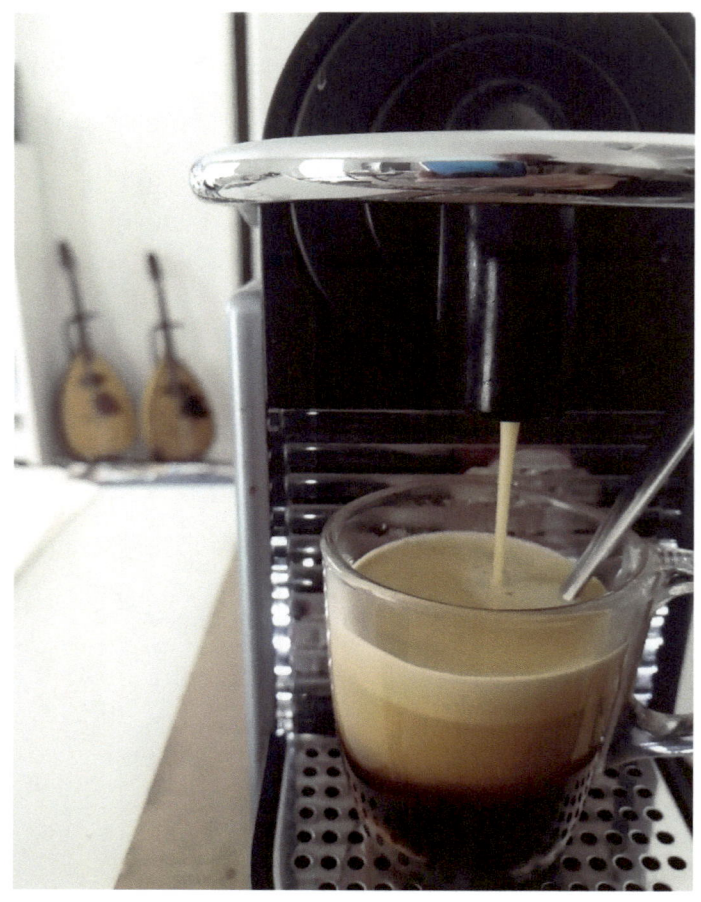

Mon café a le goût du miel
L'effluve de son arabica se mêle
A mes effusions amoureuses
Jadis heureuses et fougueuses
Qui fondaient sous le feu brûlant
Où brillait l'astre scintillant
Des regards fiévreux et profonds
Des belles étoiles filantes.

Le sourire de l'aube

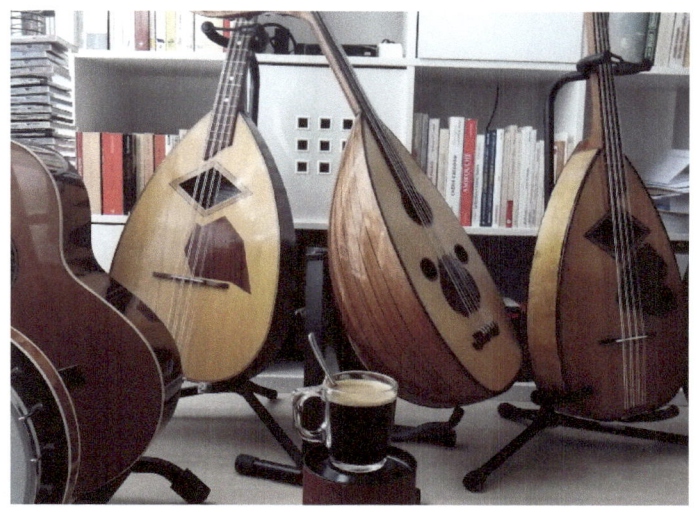

Le vieux bois
Ô toi le vieux et noble bois !
Fais-vibrer tes cordes, pour secouer nos âmes,
Fais-nous voyager avec tes mélodies, tes flammes,
Ô toi le vieux et noble bois !
Dis-nous tout haut, ta grâce et ton ivresse,
Chante-nous tes mots, ta voix, ta tendresse,

Le sourire de l'aube

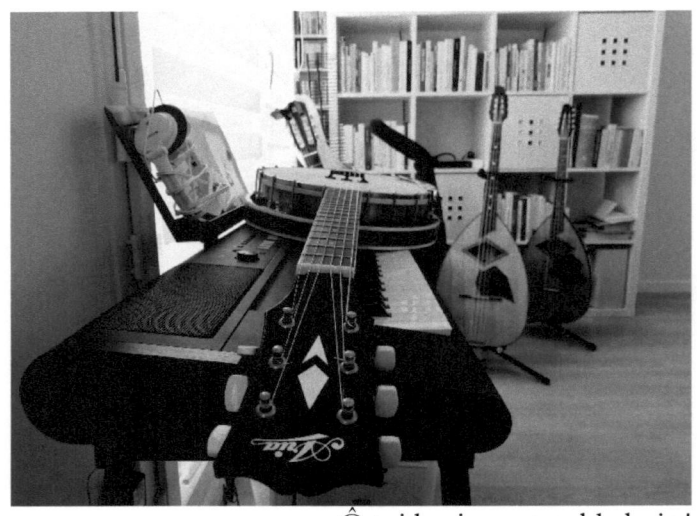

Ô toi le vieux et noble bois !
Montre-nous ton sourire, tes étincelles, ta chaleur,
Brûle de ton feu, nos peaux, nos esprits, nos cœurs,
Ô toi, le vieux et noble bois !
Fais-entendre l'écho de ta voix, plus loin, plus haut,
Eblouis les profondeurs, à la couleur des meilleurs tableaux,
Ô toi le vieux et noble bois !
Rejoins celle qu'on aime, en messager intime,
Rends-lui hommage, notre amour sublime.

Le sourire de l'aube

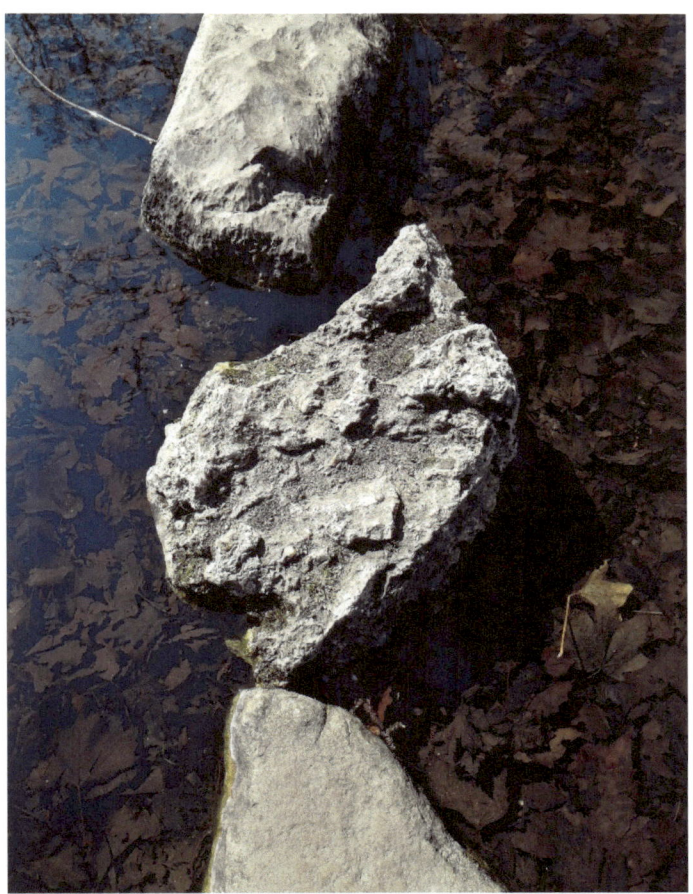

Demain je reprendrai ma route
Aux premières heures du jour.
J'accompagnerai le sourire de l'aube dans son voyage
Sur les traces du soleil levant
Je marcherai sur chaque empreinte
Que dessineront les points lumineux du jour…

Le sourire de l'aube

Le sourire de l'aube

Du même auteur

Roman
Le voyage avec Élise
Lettres aux absences

Recueil de poésie
Le bleu du littoral
Le vers de la mélodie
La rivière espérance
Les beaux rêves demain
Vers au vent
Agris n unebdu – Les flocons de l'été
Le souffle du zéphyr
Mots éparpillés
Eclats de vers poétiques

Version du 23 novembre 2021
Photo couverture et toutes les autres photos sont prises par Mack Nat Frawsen.
Copyright © Mack Nat Frawsen

Aucune reproduction, partielle ou complète, de cette création ne peut se réaliser, sans l'autorisation écrite de l'auteur, en vertu des articles L111, L122-1 et L422-4 du code de la propriété intellectuelle.

www.ingramcontent.com/pod-product-compliance
Lightning Source LLC
Chambersburg PA
CBHW040244220526
45473CB00001B/364